Nahrung für die Seele

Walter E. Butler

Kleine Schule der Magie

Nahrung für die Seele

Walter E. Butler

Kleine Schule der Magie

Bauer

Verlag Hermann Bauer
Freiburg im Breisgau

Die Deutsche Bibliothek – CIP-Einheitsaufnahme

Ein Titeldatensatz für diese Publikation ist bei
Der Deutschen Bibliothek erhältlich

Herausgegeben von Richard Reschika

1. Auflage 2000
ISBN 3-7626-0798-2

Einband: Ralph Höllrigl, Freiburg i. Br.
Satz: Fotosetzerei G. Scheydecker, Freiburg i. Br.
Druck und Bindung:
Freiburger Graphische Betriebe, Freiburg i. Br.
Printed in Germany

INHALT

1

Einige Erklärungen und Definitionen

In dieser unvollkommenen Welt, wo es so leicht ist, etwas falsch zu verstehen oder mißverstanden zu werden, ist es erforderlich, wenn man über ein Gebiet, wie das der zeremoniellen Magie, schreiben will, von vornherein sorgsam für möglichst genaue Wort- und Begriffsbestimmungen zu sorgen. Aber ehe wir das tun, wollen wir einen kurzen Blick auf das werfen, was im allgemein volkstümlichen Sinne unter Magie verstanden wird. Dadurch lichten wir erst einmal das wild gewachsene, die Sicht verdunkelnde und behindernde Gedanken-Gestrüpp, tun das gleiche, was zum Beispiel ein Archäologe tun muß, wenn er die tropische Vegetation um einen alten Aztekentempel beseitigt und erst dann imstande ist, die wirklichen Ausmaße und Formen des Bauwerks festzustellen.

Dieser Vergleich ist durchaus passend, denn gerade der »Tempel der Magie« ist von alters her in überreichem Maße von üppigem Wildwuchs irrtümlicher und abergläubischer Gedanken und Vorstellungen überwuchert – besonders in der westlichen Welt –, so daß das Wissen um das wirkliche Wesen und die Natur der Magie fast völlig verlorengegangen ist. Nur in den Reihen der meist Unwissenden und Abergläubischen einerseits und einer kleinen Kerngruppe wirklich informierter, praktizierender Magier andererseits sind noch Reste des Wissens um die wahre Natur der Magie bewahrt worden, wobei hinzuzufügen ist, daß bei der ersten Gruppe die Dinge in so betrüblicher Weise verkannt und entstellt wurden, daß sie nur noch wenig mit den wirklichen Tatsachen zu tun haben.

Sowohl die Archäologen wie auch die Vertreter der vergleichenden Religionswissenschaft sagen uns übereinstimmend, daß die Magie sich bis zum Beginn menschlichen Lebens auf diesem Planeten zurückführen läßt. Alle religiösen Systeme – ausgenommen einige bestimmte protestantische Sekten und der südliche Buddhismus – haben während der einen oder anderen Periode ihrer geschichtlichen Existenz von der zeremoniellen Magie Gebrauch gemacht. Alle diejenigen, die an den historischen Aspekten und Entwicklungsphasen der Magie speziell interessiert sind, seien auf die Werke der einschlägigen Fachleute verwiesen.

Wenn die Autoritäten und Kapazitäten auf dem Gebiete der Magie sorgfältig studiert werden, findet man, daß im großen und ganzen jede sich erfolgreich behauptende Religion das Beste jener Religion übernimmt bzw. übernommen hat, an deren Stelle sie tritt. Das übrige überläßt sie dem unwissenden Volk und jenen Priestern und Kirchendienern der alten Religion, die mit der neuen nicht einverstanden sind und sich ihr nicht anschließen wollen. Und im Verlauf der Selbstorganisierung der neuen Kirche beginnt die Verfolgung und Ausrottung der von der alten herstammenden Überbleibsel, die infolgedessen in den Untergrund, in die Illegalität getrieben werden.

Ein derartiger Vorgang fand auch statt, als das Christentum sich aus seinem Anfangszustand erhob und zur beherrschenden Religion des Westens wurde. Die alte Religion löste sich auf, und die christliche Kirche übernahm vieles von deren Philosophie und den Ritualen und durchdrang nach und nach alle Schichten der Gesellschaft, so daß sich die Anhänger des alten Glaubens nur noch in bäuerlichen Gegenden und an abgeschiedenen Orten halten konnten. Diese Landleute oder »Heiden«, unfähig, die Philosophie ihrer Religion zu verstehen, gaben ihr Wissen meist nur in ziemlich entstellter Form weiter. Weil sie oft in grausamster Weise verfolgt wurden, mußten sie sich im Unter- bzw. Hintergrund verbergen, doch ihre Reihen wurden immer wieder aus verschiedenen Quellen aufgefüllt, unter anderem aus dem Personenkreis jener, die gegen die päpstlichen Vorschriften und Dogmen rebellierten.

Selbst als dann im Gefolge der von der Renaissance ausgehenden Impulse die Möglichkeit bestand, sich vom römischen Joch zu befreien, verhielten sich die Frommen der reformierten Kirchen genauso haßerfüllt, wie es Rom bei der Verfolgung und Ausrottung der Hexen, Zauberer und Magier gewesen war. Die Geschichte Europas vom 11. bis zum 18. Jahrhundert bietet in dieser Hinsicht eine wahrhaft schauerliche Lektüre. Mit dem Aufkommen des »Zeitalters der Aufklärung« begann der Glaube des Volkes an die so oft verleumdeten Kräfte der Magier zu verschwinden. Zugleich begann, zumindest in protestantischen Kreisen, der religiöse Glaube sich in einen Formalismus zu verwandeln, der nur noch wenig Kraft in sich trug.

Dieses kraftlose Niveau der Mittelmäßigkeit feierte – speziell in England – in den viktorianischen Tagen seine höchsten Triumphe, als die physikalische Wissenschaft durch den Mund eines ihrer bedeutendsten Vertreter erklärte, »daß in diesem Universum kein Raum ist für Geist und Geister«, und als der Präsident der Königlichen Gesellschaft sagte: »In der Materie sehe ich die Hoffnung und die Grundgewalt allen Lebens.« Doch mit dem sich erweiternden Wissen über das Universum, das uns die modernen Wissenschaften brachten, ging eine beachtliche Revision der obigen Anschauungen und Ideen Hand in Hand; und modernen Physikern, wie *Jeans, Eddington* und *Einstein,* verdanken wir neue Ideen über die Natur und über Sinn und Zweck des Universums, die von einem Magier bereitwillig akzeptiert werden können, denn er hat, unter Berücksichtigung der unterschiedlichen Worte und Ausdrucksweisen, schon vor Jahrhunderten dasselbe gefunden und gesagt.

Es ist jedoch die moderne Schule der Psychologie, insbesondere die mit dem Namen

Carl Gustav Jung verbundene Forschung und Interpretation, die den Magier eine engere Verbindung zum heutigen wissenschaftlichen Denken finden läßt. Das Hin- und Herschwingen des »Pendels des Zeitgeistes«, das schon *Heraklit* erkannte und »enantiodromia« nannte, bewirkte eben, daß das, was bisher unterdrückt und in den Untergrund getrieben war, wieder ans Licht der Öffentlichkeit tritt und die Vertreter der Orthodoxie in Bestürzung und Schrecken versetzt.

Doch trotz aller Unterdrückungen und Verfolgungen durch Jahrtausende hindurch hat die Magie in der westlichen Welt nie zu existieren aufgehört. Die Römische Kirche hat geschickt eine ganze Menge aus der alten Magie übernommen und ihren eigenen Zwecken dienstbar gemacht. Hinter der Szene hörte die magische Tradition nie zu fließen auf, vergleichbar einem unterirdischen Flußlauf, der zwar hier und da einmal an die Oberfläche durchbricht, dann aber wieder den Augen der Öffentlichkeit entschwindet.

Einer dieser Durchbrüche war der Templerorden, dessen Mitglieder, die Tempelritter, inzwischen von den Beschuldigungen und Verdammungen befreit worden sind, die ihre Verfolger gegen sie aussprachen. Dazu können auch die Albigenser in Frankreich gezählt werden, die Brüder vom Gold- und Rosenkreuz, die Illuminaten, die Magnetisten, die Theosophen und zahlreiche andere Orden und Bruderschaften, die in der zweiten Hälfte des 19. Jahrhunderts in Erscheinung traten und ihre Wirksamkeit entfalteten. Von diesen Gruppen ist wohl eine der berühmtesten und erleuchtetsten – von unserem Gesichtspunkt aus gesehen – der »Orden der Dämmerung«. Angeblich aus den Rosenkreuzern hervorgegangen, gelang es diesem Orden, die ziemlich verworrenen Fäden der magischen Überlieferung zu einer großartigen Synthese zusammenzufassen. Trotz mancherlei Veränderungen, Wechselfällen und Teilungen ist dieser Orden im Rahmen der westlichen Tradition eine der Haupt- und Urquellen magischen Wissens und magischer Praktiken geblieben.

Das Gesagte soll uns hier als geschichtliche Übersicht über das Gebiet der Magie genügen. Nun zu den Definitionen.

Mein Wörterbuch enthält die volkstümliche Erklärung des Begriffes Magie: »Die Kunst, Naturkräfte und -mittel zu benutzen, um damit erstaunliche Resultate hervorzubringen.« Die Definition ist wohl etwas zu allgemein und zu umfassend. Sie könnte zum Beispiel von Angehörigen primitiver Stämme auf unser Fernsehen, Radio, auf Telefon und Flugzeuge angewandt werden, denn in den Augen dieser von der Zivilisation unberührten Menschen ist nur der Schluß möglich, daß es sich nicht um natürliche Vorgänge, sondern um solche übernatürlichen Ursprungs handeln kann. Ein Magier unserer Tage, der Magie gründlich studiert und viel darüber geschrieben hat, definiert sie als »die Kunst, Veränderungen mit Absicht und Willen herbeizuführen«. Aber auch diese Definition scheint mir zu weit zu gehen, denn schließlich würde sie alles Tun, alles Arbeiten handwerklicher wie intellektueller Art einschließen, bei denen ja auch willensmäßig Dinge hergestellt oder verändert werden.

Nach Ansicht des Schreibers dieses Buches dürfte die beste Definition für Magie diejenige sein, die von einem anderen modernen Magier stammt. »Magie ist die Kunst, willentlich Bewußtseinsveränderungen zu verursachen.« Wir haben jetzt zwar eine annehmbare Definition gefunden, sehen uns aber sogleich mit einer anderen Schwierigkeit konfrontiert. Was meinen wir mit »Bewußtseinsveränderungen«? Im folgenden Kapitel werden wir näher betrachten, was vom Standpunkt der modernen Psychologie über die menschliche Persönlichkeit gesagt wird.

2

Die menschliche Persönlichkeit

Das die menschliche Persönlichkeit betreffende Problem ist eines derjenigen, die viele Jahrhunderte hindurch in der westlichen Welt ungelöst geblieben sind. Östliches Denken hat eine Betrachtungsweise der menschlichen Persönlichkeit entwickelt, die auf die menschlichen mentalen Vorgänge ein helles Licht wirft, doch die westliche dogmatische Theologie ist bis in unsere Zeit herein nur mit großer Zurückhaltung dem östlichen Gedankengut gegenübergetreten, hat sich auf ihre eigenen abendländischen Vorstellungen beschränkt. Innerhalb der letzten Jahre sind jedoch immer mehr Tatsachen aufgetaucht, die sich der Kontrolle und Erklärung durch die dogmatische Religion entziehen. Und das Gewicht dieser sich häufenden Tatsachen ist es, das nach und nach zu einem richtigeren, genaueren Bild von der Natur der Persönlichkeit führen wird. Die bisherige akademische Psychologie befaßte sich ausschließlich mit dem Wachbewußtsein, und ihre Forschungsmethodik bestand hauptsächlich in einer Hinwendung des bewußten Geistes zu sich selbst. Aber eine immer größere Zahl von Tatsachen deutete darauf hin, daß der menschliche Geist mehr ist als das, wofür man ihn bisher gehalten hat. Alle die Phänomene, die im Mesmerismus, Hypnotismus, bei der Telepathie und im Spiritualismus beobachtet und untersucht worden sind, zeigen deutlich die Notwendigkeit der Schaffung einer neuen Psychologie, die aber diesmal auf einer viel breiteren Grundlage stehen muß als die ihrer akademischen Vorgänger.

Die moderne psychoanalytische Forschung hat auf die Existenz verschiedener Entwicklungsgrade bzw. -schichten des Unbewußten oder Unterbewußten hingewiesen, und je tiefer diese Kontakte gehen, um so enger verbinden sie den Geist des Individuums nicht nur mit dem Geist der Menschen seiner unmittelbaren menschlichen Umgebung, sondern mehr oder weniger auch mit den mentalen Prozessen der ganzen Menschheit bis hinunter zu einer bestimmten Stufe, und unterhalb dieser Stufe sogar mit dem Bewußtsein der tierischen und pflanzlichen Lebensbereiche. Es scheint, als ob, genau wie unser fleischlicher Körper innerhalb seiner Struktur die Zeichen seiner evolutionären Entwicklung durch die niederen Reiche hindurch mit sich trägt, unser Geist ebenfalls eine ähnliche aufsteigende Entwicklung hinter sich hat.

Dies wird allgemein als »persönliches Unterbewußtsein« bezeichnet, das Ideen, Gefühle und Erinnerungen enthält, von denen einige unter die Bewußtseinsschwelle hinabgedrückt wurden, weil wir uns weigerten, sie als zu uns gehörend zur Kenntnis zu nehmen und zu akzeptieren, daß wir zu einem Denken aus dem Unterbewußtsein heraus fähig sind. Solche mit emotionaler Energie geladenen Gedanken sind bekannt unter der Bezeichnung »Komplexe«; und wenn sie nicht als solche erkannt werden, neigen sie dazu, quasi aus der allgemeinen Einheit des Geistes auszubrechen und eine Art »halbe Unabhängigkeit« zu gewinnen. Man nennt sie dann »abgespaltet«, und diese teilweise bis zu einem gewissen Grad selbständig gewordenen Komplexe sind es, welche die psychische Energie des Selbst blockieren, ihren normalen Fluß stoppen. Die unterdrückten und die abgespalteten Komplexe sind es, die zusammen mit der Menge vergessener Erfahrungen, Erinnerungen und Gefühlsregungen das »persönliche Unterbewußte« ausmachen.

Dringen wir noch tiefer unter diese Schicht, kommen wir zu jenen Gefühlen und Gedanken, zu jenen Urbildern, die wir mit allen anderen Menschen gemeinsam haben, nicht nur mit den jetzt Lebenden, sondern auch mit denen früherer Zeitalter. Dieses »kollektive Unbewußte« ist seinem Wesen nach der Hintergrund, der Mutterboden unseres unterbewußten Geistes, und die Bilder und sonstigen Erinnerungen, die in seinen Tiefen vergraben liegen, üben, obwohl unser waches Ich nichts davon weiß, einen außerordentlichen Einfluß auf unser ganzes Leben aus.

Es ist bekannt, daß das Unbewußte, sei es persönlich oder kollektiv, sich durch Bilder oder Vorstellungen ausdrückt. Die Sprechfähigkeit gehört einer vergleichsweise späten Entwicklungsphase an. Deshalb sagt *Jung*: »Wer mit Urbildern spricht, spricht wie mit tausend Stimmen, er ergreift und überwältigt, zugleich erhebt er das, was er bezeichnet, aus dem Einmaligen und Vergänglichen in die Sphäre des immer Seienden, er erhöht das persönliche Schicksal zum Schicksal der Menschheit, und dadurch löst er auch in uns all jene hilfreichen Kräfte, die es der Menschheit je und je ermöglicht haben, sich aus aller Fährnis zu retten und auch die längste Nacht zu überdauern.«

Die Magie, deren Wurzeln in fernster Vergangenheit liegen, tut dasselbe. Sie spricht zum unterbewußten Geist des Menschen durch Aktivierung archaischer Vorstellungen in Gestalt von Symbolen und Ritualen, und sie bewirkt dadurch jene »Bewußtseinsveränderung«, um die es dem praktizierenden Magier geht. So wird auch von Jesus berichtet, daß er »ohne die Benutzung von Gleichnissen nicht zu ihnen sprach« (Mark. 4,34).

Fassen wir nun das in diesem Kapitel Gesagte zusammen, kommen wir zu dem Ergebnis, daß die besten und modernsten psychologischen Schulen die Existenz von vier Bewußtseinsschichten im menschlichen Geist annehmen, nämlich:

a) der wachbewußte Geist
b) das persönliche Unterbewußtsein
c) das kollektive Unterbewußtsein
d) das Überbewußtsein

Sie alle sind Aspekte des *einen* Geistes, von dessen Ganzheit uns normalerweise nur ein Teil bewußt wird: unser Wachzustand. Nichtsdestoweniger werden wir ständig von den anderen Bewußtseinsschichten her beeinflußt, und wir können des öfteren feststellen, daß die unserem tieferen Selbst entspringenden, verborgenen und mysteriösen geistig-seelischen Strömungen uns auf Wege bringen und zu Handlungen veranlassen, die wir nicht wach und vollbewußt gewählt haben.

Sich die Fähigkeit anzueignen, der Quelle und dem Wirken dieser verborgenen Strömungen bewußt zu werden und sie in weiser und friedlicher Weise zur Meisterung unseres Lebens zu benutzen, ist der vordringliche Wunsch des Magiers. Es ist Absicht und Ziel des Magiers, in die Tiefen seines Wesens hinabzuschauen und dort jenen *Funken des ewigen Lichtes* zu erkennen, der zugleich identisch ist mit seinem eigenen Wesenszentrum, und dann im Namen der Kraft dieses Göttlichen

Funkens zu sprechen und zu handeln. »Sowohl die Allmacht wie die Ewigkeit stehen zu meiner Verfügung.«

3

Die magische Leitlinie

Lassen wir einmal all die vielen Einzelheiten, die mit dem Begriff Magie zusammenhängen, beiseite, und widmen wir dieses Kapitel der magischen Theorie des Menschen und des Universums. Die magische Tradition behauptet, daß das Universum ein einheitliches Ganzes ist und kein Teil desselben in Wahrheit von allen anderen Teilen getrennt ist. Wie der Dichter sagt: »Alles Existierende ist Teil einer umfassenden Einheit.« Alles im Universum ist daher der Ausdruck, das In-Erscheinung-Treten einer ihm zugrunde liegenden Ganzheit, aus der heraus alles ist und lebt. Man könnte meinen, das sei »Pantheismus«, aber dem ist keineswegs so, denn hinter der allem zugrunde liegenden Einheit, die sich selbst als Universum ausdrückt, ist jenes Absolute, von dem die universelle Seele, das allem gemeinsame Leben und alle Formen eben nur Ausdrucksmöglichkeiten sind. »Obwohl Ich das Universum durch einen Teil von mir geschaffen habe, bin und bleibe Ich doch unverändert derselbe«, sagt die Gottheit in der hinduistischen Bhagavad Gita. Ein sowohl immanenter als auch transzendenter Gott ist der Gott des Magiers.

Das transzendente *Eine* spiegelt sich gemäß den magischen Lehren in den Wassern des Chaos und der Urfinsternis, und diese Reflektion des Absoluten Allerhöchsten, bekannt als Adam Kadmon, schafft aus dem Chaos Ordnung. Ein magisches Ritual drückt das so aus: »Am Anfang waren Chaos und Finsternis und die Tore zum Lande der Nacht. Und das Chaos schrie laut nach Einheit. Und das Ewige trat in Erscheinung. Angesichts seines Glanzes wich die Finsternis zurück, die Schatten entflohen.« Nun – dieses allem innewohnende Reflektieren bzw. Widerspiegeln, der Adam Kadmon oder der »Große Mensch« der Kabbala, ist der Logos, aus dem alle Dinge hervorgegangen sind. Folglich existiert nichts in diesem Universum, was nicht ein integrierender Teil des Logos ist. Alle Dinge haben ihr Sein in dieser Ureinheit, wie schon der alte griechische Dichter sagt, dessen Worte Paulus bestätigt: »... denn wir sind alle Seine Kinder.«

Die menschliche Seele ist ein Teil des großen Universums und in und an sich eine Kopie desselben. Deshalb heißt es in der Magie, daß der Mensch ein Mikrokosmos im Makrokosmos ist, ein kleines Universum innerhalb des großen. Für den Magier gibt es nicht so etwas wie »tote« Materie im Sinne des viktorianischen Zeitalters. Er weiß, daß alles Vorhandene nur deshalb in Raum und Zeit existieren kann, weil es bereits als Teil des Ewigen Seins »subexistent« war und ist. Das, was wir »hier unten auf Erden« sehen bzw. wahrnehmen, zum Beispiel ein »lebloses« Stück Metall, ist für den Magier nichts anderes als die Erscheinungsform unzähliger umeinander wirbelnder Energiezentren, die durch die verschiedenen Ebenen oder Pläne unsichtbarer Welten zurückgeführt werden können bis zum lebengebenden Herz alles Seienden. »Der Geist des Herrn erfüllt die Erde«, und für den wahren Magier gibt es nichts Niedriges oder Geringes, denn alles ohne Ausnahme ist Ausdruck des ewigen Lebens und dient seinen Zwecken. Dies wird auch im Ritual durch einen eingeweihten Adepten gesagt, wenn er ausruft: »Es gibt keinen Teil von mir, der nicht ein Teil der Götter ist.«

»Der Götter ...?« Glaubt der Magier wirklich an diese Götter? Ja, aber er sieht die Natur dieser Götter in anderem Licht, als man vielleicht glaubt. Er findet im sichtbaren wie im unsichtbaren Universum ungeheure Bereiche, in denen unzählige Kräfte und Energien sich bewegen und aufeinander einwirken, und jede dieser Energien ist ein Aspekt des Allerhöchsten. Und in diesen tanzenden und funkelnden Energien erkennt er den Ausdruck des einen Lebens, sieht er »Söhne Gottes«, die sich in früheren Universen entwickelt haben und die jetzt als vollkommene Kanäle der göttlichen Kräfte, gleichsam als lebendige Sammellinsen fungieren, durch welche die Kraft des Allerhöchsten in die Manifestation heruntergeleitet wird. Sie sind die »Dyan Chohans« der östlichen Schriften, die »Diener und Helfer, die Feuerflammen« der Bibel. Und diese Ausstrahlung ihres wesenhaften Seins, die aus der Einheit fließt und sich im Bereich von Zeit und Raum manifestiert, ist das, was im theoretischen Sinne das »reale, materielle Universum« genannt wird, die »Substanz« zweitrangiger Qualität.

Vom Standpunkt der magischen Philosophie aus betrachtet gibt es also keine Trennung, keine grundsätzliche Verschiedenheit zwischen Geist und Materie, gibt es nicht so etwas wie »tote Materie an sich«. Die gesamte materielle Existenz und alle ihre Erscheinungsformen sind nichts anderes als ein Ausdruck des alles durchdringenden Lebens, das sich in unzählbaren Seinsarten und -formen darstellt. An diese Struktur des universellen Lebens glaubend, ist der Magier davon überzeugt, daß in der gleichen Weise, wie die Kraft des *All-Einen* sich durch ihre Diener und Helfer manifestiert, sich diese in absteigender, immer mehr verdichteter Weise durch die unendlichen Scharen von Wesenheiten mit geringerer Intelligenz nach unten hin fortsetzt, die alle ohne Ausnahme dem Selbstausdruck des Absoluten dienen und Seine Pläne und Absichten ausführen: Engel und Erzengel, Throne, Herrscher und Fürsten, Kräfte und Energien, Cherubim und Seraphim und all die zahllosen »Himmlischen Heerscharen«. Jeder in seiner speziellen Weise.

Der Magier betrachtet sich selbst angesichts dieses wunderbaren Rang- und Dienstordnungs-Systems des Allerhöchsten nicht als etwas Besonderes, nicht als einen vom Großen Ganzen getrennten Teil, sondern als einen integrierten Bestandteil dieser sich als Lebensvielfalt offenbarenden Einheit; und er sagt gleich den alten griechischen Weisen: »Ich bin zwar ein Kind der Erde, aber mein Geschlecht stammt von den gestirnten Himmeln.«

Seinen Blick von den himmlischen Höhen wieder abwendend, erkennt sich der Magier als in Malkut, dem irdischen Reich befindlich, und er stellt fest, daß das unvollkommene und oft so enttäuschende Leben auf dem physischen Plan deswegen so ist, weil er, obwohl er intellektuell um die Wahrheit und Wirklichkeit hinter den Erscheinungsformen weiß, noch nicht imstande ist, gemäß dieser erkannten Wahrheit und Wirklichkeit innerhalb der physischen Grenze zu leben. »Wisse, Mensch, daß die einzige Ursache deiner Fehlerhaftigkeit die ist, daß du deine eigene Göttlichkeit nicht kennst.«

Über den Orakeltempeln der alten Mysterienschulen stand die Inschrift: *Gnothi se auton*

= »Erkenne dich selbst!« Das ist ein Hinweis auf die wahre Natur des Selbst, deren Verwirklichung der echte Magier anstrebt. Dieses Prinzip als richtig anerkennend, ihm folgend und in sich selbst hineinschauend, erblickt sich der Magier innerhalb einer »abgefallenen« Welt. Er erkennt, daß der ursprüngliche Göttliche Plan, nach dem der Mensch geschaffen wurde, das gesamte Universum als Harmonie und Schönheit des Allerhöchsten Absoluten durchdringt und daß dieses alles erfüllende Licht das Vorbild und zugleich Ziel ist, in dem sein persönliches Ich wurzelt und von dem er getragen wird. Und dann, um sich schauend, sieht er in seiner eigenen Natur und in der der Wesenheiten um sich herum den Beweis für den Abfall aus dem Zustande der Vollkommenheit. Doch während dieses Sturzes in die Getrenntheit sieht er auch die Möglichkeit einer Umkehr, und angesichts des Leidens ungezählter Lebewesen wird ihm klar, daß der Weg der Rettung der Weg des Opfers, der Aufopferung ist.

Also hält er sich an das alte hermetische Axiom »Solve et coagula« (löse und binde), wofür man auch sagen könnte: »Löse auf und gestalte neu!« Und in diesem Sinne benutzt er die Riten der Hohen Magie.

Aber was heißt das: etwas auflösen? – Was heißt das: etwas neu- bzw. umgestalten? Auf den Ewigen Funken, der jeden Menschen im Innersten erleuchtet, kann sich das nicht beziehen. Es handelt sich dabei vielmehr um jenes persönliche Selbst, das der Mensch so lange als sein einziges wirkliches Selbst betrachtet hat, um seine Persönlichkeit, an die er sich so hartnäckig geklammert und die er so eifrig verteidigt, gehegt und gepflegt hat. Diese »persona«, diese den wirklichen Menschen verhüllende Maske ist es, die aufgelöst, umgestaltet und verbessert werden muß. Aber wie soll das, was in sich selbst so unvollkommen ist, Vollkommenheit hervorbringen können? »Die sich selbst überlassene, ungelenkte Natur kann Fehler machen«, sagten die alten Alchemisten. Und in der Heiligen Schrift lesen wir: »Wenn nicht der Herr selbst das Haus baut, mühen sich die Arbeiter vergeblich.« Deshalb sucht der Magier in aller Demut nach Erkenntnis und nach einer Kontaktherstellung mit dem Heiligen Schutzengel und mit seinem wahren Selbst, von dem seine irdische Persönlichkeit nur die Maske ist.

Dies ist das höchste Ziel des Magiers. Alles Sonstige: Zauberworte und -formen, Rituale und magische Kreise, Schwerter und Degen, Zauberstäbe und Räucherungen usw. sind lediglich Hilfsmittel, die der Erreichung des Endzwecks dienen. Nach dem Vollzug der Vereinigung mit dem wahren Selbst – wenn auch nur für eine kurze Zeit – wird der Magier von diesem inneren Herrscher über die hohe Magie direkt belehrt werden, was eines Tages dazu führen wird, daß sich seine Menschlichkeit zur Göttlichkeit entwickelt und daß das erreicht wird, was in den alten echten Mysterien als das wahre Endziel des Menschen bezeichnet wurde – seine Vergöttlichung.

4

Die magischen Hilfsmittel

Es ist ganz natürlich, daß die in der magischen Kunst benutzten Gerätschaften und Hilfsmittel die Einbildungs- und Vorstellungskraft des Beschauers angeregt haben; und in dem Wort »Imagination« liegt in der Tat der Schlüssel zum Gebrauch der verschiedenen »Denk- und Vorstellungsstützen«, die der Magier anwendet. Bei dem Vorhaben, »willentlich Bewußtseinsveränderungen zu verursachen«, ist der richtige Gebrauch der Einbildungs- und Vorstellungskraft von größter Bedeutung.

Man könnte diesen Begriff definieren als die Kraft des Geistes, mentale, also gedankliche Bilder zu formen. Aus der Sicht dieser Definition erweisen sich die Einwände und Kritiken der sogenannten »praktischen Weltmenschen« als völlig ungerechtfertigt und am Wesen der Sache vorbeigehend, denn reinweg alles, was praktisch ausgeführt und hergestellt wird, hat seinen Anfang in einem gedanklichen Vorstellungsbild. Die Meinung und Kritik des »Mannes der weltlichen Praxis« haben ihre Ursache darin, daß er glaubt, Vorstellungsbemühungen, die nicht sofort in materiellen Gewinn umsetzbar sind, seien Zeit- und Kraftverschwendung. Doch solche Ideengänge gehen an der Wahrheit vorbei, denn viele Vorstellungen und Imaginationen, die niemals direkte materielle Auswirkungen hatten, haben nichtsdestoweniger neue Einsichten und Kanäle eröffnet, die sich schließlich in dauerhaften sozialen und politischen Veränderungen und Fortschritten niederschlugen.

Dies gelte für uns als Beweis dafür, daß der sogenannte »Mann der Praxis, der Realist« für uns keineswegs die beste Autorität ist. Und was hat der Psychologe dazu zu sagen? Er hat es mit dem menschlichen Geist in dessen Alltagsbetätigung zu tun und ist deshalb imstande, die Dinge richtiger zu sehen.

Wollen wir einen Augenblick zurückschauen auf das, was wir über die menschliche Persönlichkeit gesagt haben. Wir hatten sie in drei Ebenen aufgeteilt, in die bewußte, unterbewußte und überbewußte Ebene, und die Vermutung ausgesprochen, daß die beiden letzteren für den Menschen von größerer Bedeutung sind als das gewöhnliche Wachbewußtsein. Aber nichtsdestoweniger ist der bewußte Geist jener Teil von uns, mit dem wir während unseres Daseins auf diesem Planeten arbeiten und uns entwickeln, und aus diesem Grunde müssen wir ihn als die leitende Autorität bei unseren mentalen und magischen Versuchen und Bestrebungen anerkennen. Wenn wir ihm das zugestehen, können wir nicht umhin, die Grenzen dieser Autorität festzustellen und zu definieren. Sie kann und soll führen, leiten und bestimmen, aber die eigentliche Arbeit ist auf der unterbewußten Ebene zu tun.

Der unterbewußte Geist ist, berücksichtigt man seine evolutionäre Entfaltung und die dazu erforderliche Zeit, viel älter als der bewußte Geist, und er enthält eine Menge aus undenklichen Vorzeiten stammende charakteristische Züge, zum Beispiel auch den, daß er, wie wir schon sagten, sich nicht in Worten ausdrückt, sondern in Bildern. Jeder der fünf physischen Sinne, die das Gehirn mit Signalen und Informationen versorgen, liefert Serien von Bild-, Tast-, Hör-, Geruchs- und Geschmackseindrücken bzw. -bildern, und diese verbinden sich im unterbewußten Geist mit ihren entsprechenden Gefühlsregungen. Wer deshalb imstande ist, ganz bewußt nur sorgfältig ausgewählte Bilder und Vorstellungen in sein Unterbewußtsein hineinzulassen, kann auch die dazu passenden Gefühle hervorrufen.

Da die Gefühle die subjektiven Aspekte der Triebkräfte sind, die aus den tieferen Schichten des menschlichen Geistes emporströmen, ist leicht einzusehen, daß durch den richtigen Gebrauch bewußter Hervorrufungs- bzw. Beschwörungsimpulse die Potenz oder der »Lebensdruck« innerhalb der Persönlichkeit beträchtlich gesteigert werden kann. Wir sehen dies beispielsweise deutlich bei jenen abnormalen Kraftleistungen, zu denen Irrsinnige während ihrer Anfälle fähig sind, und in höherer und oft bewundernswerter Form gelegentlich persönlicher Gefahrensituationen, wo wir zu Leistungen und Verhaltensweisen imstande sind, zu denen wir unter gewöhnlichen Bedingungen außerstande gewesen wären. Die hypnotischen Phänomene lassen uns denselben Tatbestand erkennen unter Bedingungen, die wir willentlich hervorrufen und studieren können.

Bei der Hypnose finden wir, daß, wenn einmal die Barriere bzw. Bewußtseinsschwelle durchstoßen ist und den unterbewußten Schichten erlaubt wird, an die Oberfläche emporzusteigen, in diesem Zustand jede suggerierte Vorstellung und Einrede eine unmittelbare Auswirkung auf die Verhaltens- und Bewegungsabläufe der Persönlichkeit haben.

In diesen aus östlichen Quellen stammenden mystischen und okkulten Denksystemen wird großer Nachdruck auf die Wichtigkeit des Meditierens gelegt, und diese Yogasysteme aus dem Osten sind in der Tat geeignete Übungsmethoden. Wenn sich jedoch der abendländische Magier der Yogatechniken bedient, nutzt er ein verändertes, den westlichen Verhältnissen angepaßtes System.

Die rein mentalen Meditationsmethoden verlangen ein stetiges Beherrschen, Kontrollieren und Unterdrücken bzw. Hemmen der körperlichen Sinnesfunktionen. Es wird behauptet, daß die Erreichung der Fähigkeit erforderlich sei, unerwünschte Gedanken abzuweisen und auszuschließen, den Geist nur auf einen einzigen Gedanken ohne jede Abirrung gerichtet zu halten und ihm nicht zu erlauben, irgendwelche von dem erwählten Denkobjekt ablenkende Sinneseindrücke aufzunehmen.

Im Rahmen des magischen Systems werden die Vorstellungsbilder, die von den verschiedenen Sinnen in den Geist hineingeleitet werden, als »Suggestionen« für den bewußten Geist benutzt, der sich infolge des Rituals in einer besonders empfänglichen Verfassung befindet und fortfährt, der Linie der eingeschlagenen Konzentration zu folgen. Man könnte das eine Art »psychisches Jiu-Jitsu« nennen, durch das die Kraft und Energie der Sinneseindrücke dazu verwendet wird, den Geist gegenüber Abschweifungen und Störungen immun zu machen.

Ehe jedoch Vorstellungen eine solche Wirkung haben können, müssen zwei Dinge beachtet und getan werden. Der Geist muß zunächst auf das betreffende Vorstellungsbild eingestimmt, in die rechte Beschaffenheit versetzt werden. Bewußt und beharrlich muß das betreffende Bild im Geist festgehalten und mit den dazugehörigen Gefühlen verbunden werden, und zwar so lange, bis das in der Vorstellung festgehaltene Bild die ihm entsprechenden Emotionen aus den unterbewußten Schichten emporquellen läßt. Zweitens: Sowohl bei der Durchführung eines Rituals wie auch bei irgendeiner Art von Autohypnose muß die Bewußtseinsschwelle etwas nach unten verschoben werden, so daß die unterbewußten Schichten ins Bewußtsein aufsteigen und für die suggestive Kraft des erwählten Gedankens erreichbar werden.

Dasselbe ist der Fall mit allen magischen »Stützen« und Hilfsmitteln – mit dem Schwert, dem Stab, dem Fünfstern (Pentagramm), dem Kelch, den magischen Kreisen, Dreiecken und Sigillen, bei den Lichtern, der Kleidung, dem Weihrauch, der Intonierung der Beschwörungsworte und beim Aussprechen der »barbarischen Namen« im Laufe der Evokation. So ist es auch bei allen magischen Arbeiten, durch die ein verstärkter suggestiver Prozeß auf den unterbewußten Geist ausgeübt werden soll. Eine solche zusätzliche Suggestion bewirkt das, was man eine mentale Veränderung der Triebkräfte nennen könnte und was daher übereinstimmt mit unserer früheren Definition der Magie als »die Kunst, willentlich Bewußtseinsveränderungen zu verursachen«.

Welche Bewußtseinsschichten erreicht werden, ist abhängig von den benutzten Symbolen und auch von der Menge der bewußten Ideenassoziationen, die der Ausübende hineingelegt hat. Magie hat mit irrationalem Aberglauben überhaupt nichts zu tun, sondern beruht, was immer zu beachten ist, auf psychologischen Grundgesetzen und verfügt über eine eigene Technik. Mit aus dem Osten stammenden magischen Systemen befassen wir uns hier nicht, denn dieses Buch ist für Menschen der westlichen Welt geschrieben und hat die Theorien und Praktiken der westlichen Schulen zur Grundlage.

Die westliche bzw. abendländische Tradition ist eine vielschichtige Sache. Sie umfaßt die magischen Techniken aller Länder des Mittelmeerraumes wie auch die aus der nordisch-keltischen Kultur hervorgegangenen Systeme. Der »Mann von der Straße«, wenn er überhaupt dazu zu bringen ist, über Magie zu diskutieren, kommt in der Regel mit »vorgefertigten« Ideen, die sich meist auf die stückweise überlieferten magischen Praktiken aus dem europäischen Mittelalter beziehen. Zu diesen fragmentarischen Überlieferungen gehören die sogenannten magischen »Grimoires« (Zauberbücher), die nur ein höchst unvollkommenes Bild dessen geben, was die westliche Magie wirklich ist. Aber nichtsdestoweniger beziehen sich unsere Kritiker gerade darauf als einen Beweis für die Narrheit und den Aberglauben des praktizierenden Magiers. Indessen könnte mit den gleichen Argumenten auch jede Kritik zum Beispiel an der Römisch-Katholischen Kirche gestürzt werden. Und in der Tat: die so verächtliche Bezeichnung »*Hocus Pocus*«, mit der so gern die magischen Praktiken verspottet werden, ist die protestantische Verballhornung des ernstesten und feierlichsten Teiles der christlichen Eucharistie – »Hoc Est Enim Corpus Meum« – »Dies ist mein Leib«. Bestimmte Mißbräuche und abergläubische Vorstellungen hatten dazu geführt, daß diese verdrehten Worte als Verhöhnung sowohl der Priester der Römisch-Katholischen Kirche wie der magischen Adepten benutzt wurden.

Wir halten es jedoch für angebracht und für das bessere Kriterium, wenn wir in einer menschlichen Institution die besten Seiten hervorheben, nicht aber die schlechtesten. Ungeachtet des Anspruches, der von der Katholischen Kirche erhoben werden mag, daß sie nämlich ein übernatürlich organisierter Körper sei, und ungeachtet der Behauptung magischer Adepten, daß sie aus unvordenklichen Zeiten stammende Weisheit besäßen, ist es klar, daß zu ihren Organisationen auch fehlbare und irrende Menschen gehörten, deren Fehler und Unvollkommenheiten sich unvermeidbar auf das Gesamtbild ihrer Glaubensthesen und Lehrsätze auswirken.

Die westliche magische Tradition behauptet von sich selbst, daß sie die Erbin eines Lehr- und Praxissystems sei, das aus fernstem Altertum auf uns gekommen ist und das die grundlegende Philosophie, welche die Basis ihrer Organisation darstellt, jene hebräischen mystischen Lehren und Praktiken sind, die als Kabbala bekannt sind. Das Wort Kabbala enthält seiner sprachlichen Herkunft nach die Idee der Geheimhaltung und Verschwiegenheit, weil es sinngemäß die mündliche Wissensübermittlung »vom Mund zum Ohr« bezeichnet. Und tatsächlich: Diese mündliche Überlieferung geht viel weiter zurück als die niedergeschriebenen und veröffentlichten Sammlungen jener Arbeiten wie des »Sepher Jesirah«, eines der kabbalistischen Standardwerke.

In all diesen alten mystischen und magischen Übungssystemen finden wir – neben gewissen philosophischen Lehren – ein Symbol oder eine Gruppe von Symbolen, die für die Schüler von besonderer Bedeutung sind. Zu diesen im Osten benutzten Symbolen gehören unter anderem die *Mandalas*, deren richtige Anwendung eine recht schwierige und verwickelte Angelegenheit ist.

In der westlichen Tradition gibt es eine Glyphe bzw. ein zusammengesetztes Symbol, das man die Basis aller mystisch-kabbalistischen Lehren nennen könnte, nämlich jenes Diagramm, das »Lebensbaum« genannt wird. Es heißt von ihm, daß er »die mächtige, allumfassende Glyphe sowohl des Universums wie auch der menschlichen Seele« sei. Dieser »Baum des Lebens« ist es, auf den sich letztlich all die einzelnen Detailarbeiten und -funktionen der zeremoniellen Magie des Westens gründen. Wenn zum Beispiel der Magier ein Experiment macht, bei dem die Kräfte des Jupiter eine Rolle spielen, wird er solche Gegenstände und Requisiten gebrauchen, die zum Jupiteraspekt des Lebensbaumes in Beziehung stehen. Er wird beispielsweise hellblaue Kleidung tragen, Zedernholz in der Räucherschale verbrennen, vier Kerzen entzünden und den hebräischen Namen der Jupitersphäre verwenden.

Es sei hier darauf hingewiesen, daß der Magier das Prinzip der »Ideenverbindungen« benutzt, wobei aber zu betonen ist, daß diese Ideen-Assoziationen in erster Linie von einer mentalen Kontaktherstellung zwischen den verschiedenen Details und der zentralen Grundidee abhängen. Eine solche Verbindungsherstellung mag absichtlich oder unabsichtlich zustande kommen. Im ersteren Falle handelt es sich um eine bewußte und wohlüberlegte Assoziierung bestimmter Ideen, während im zweiten Falle der Vorgang ein unmittelbarer und unterbewußter ist. Einen Knoten ins Taschentuch machen, um sich davon erinnern

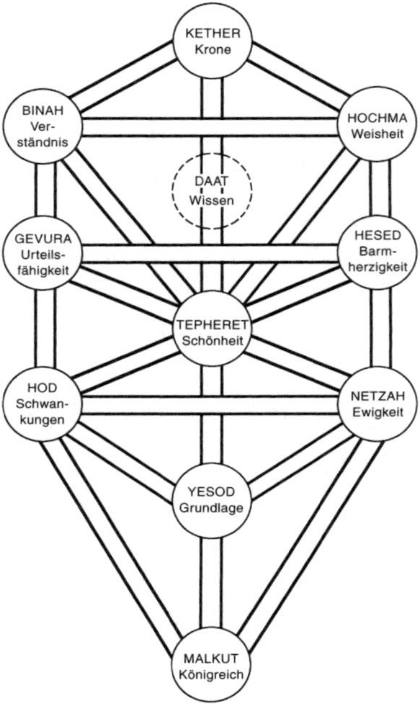

Der kabbalistische Baum des Lebens

zu lassen, daß man einen ganz bestimmten Gegenstand kaufen will, wäre ein Beispiel für die erste Klasse, während die Gedankenverbindung zwischen einer Wurst und einem Luftschiff ein natürliches Beispiel für die zweite Klasse ist. Solche unabsichtlichen und unfreiwilligen Ideenverbindungen erweisen sich oft als kraftvoller als die mit Willen und Überlegung gefaßten, denn sie repräsentieren direkt das Arbeiten des unterbewußten Geistes.

Aber die bewußt und gewollt gestalteten Ideen-Assoziationen können ebenso kraftvoll sein, wenn sie richtig vorbereitet und aufgebaut werden, und gerade diese bedächtig und konsequent geübten bildhaften Vorstellungen sind es, welche die eigentliche Basis für die Arbeit des praktizierenden Magiers bilden. Durch diese vollbewußt und mit Überlegung durchgeführten Übungen wird es dem Magier möglich, bestimmte Vorstellungsbilder und Sinneseindrücke mit den ihnen gemäßen Gefühlen zu verknüpfen, und eine bewußte und zielgerichtete Konzentration veranlaßt das Auftauchen einer ihr entsprechenden gefühlsmäßigen Antwort bzw. Reaktion immer dann, wenn ein demgemäßer Sinneseindruck empfangen wird. All das sind an der Oberfläche des Bewußtseins stattfindende Vorgänge.

Wenn wir wünschen, bei unseren Assoziationsübungen auch mit der Kraft der magischen Evokation (Beschwörung, Anrufung) zu arbeiten, müssen wir uns vornehmen, mit Nachdruck auf die tieferen Schichten unseres Unterbewußtseins einzuwirken, da es dadurch möglich wird, ganz bestimmte Resultate zu erzielen. Zu diesem Zweck kann man zu einigen autohypnotischen Maßnahmen und Hilfsmitteln greifen, zum Beispiel einen Rosenkranz benutzen oder in der meditativen Konzentration das Ritual selbst oft wiederholen. Der Rosenkranz wird zwar üblicherweise mit der Römisch-Katholischen Kirche in Gedankenverbindung gebracht, doch sei bemerkt, daß sich sowohl die Mohammedaner als auch die Buddhisten des Rosenkranzes als Konzentrationsmittel bedienen. Eine andere Technik zur Erzielung der Autohypnose ist die Anwendung blitzartig aufleuchtender Farben.

5

Entspannungs- und Atemübungen

Die eng zusammengehörigen Übungen der bewußten Entspannung und des kontrollierten Atmens sind die beiden Grundelemente im Übungsprogramm des Magiers. Sie sind – ganz abgesehen von irgendeinem Spezialtraining – schon im gewöhnlichen Leben von großem Wert, denn sie können in hohem Maße dazu beitragen, einen gesunden Körper zu schaffen und ihn auch wirklich gesund und leistungsfähig zu erhalten. Da der Körper die mentalen Prozesse beeinflußt, wird er, wenn er sich im Zustand der Gesundheit befindet, auch einen günstigen Einfluß auf den Geist ausüben. Und da die Mentalität eines Menschen und sein Gefühlsleben auf das Drüsensystem des Körpers einwirken, entsteht so ein Kreislauf sich gegenseitig fördernder Einflüsse, der natürlich für den ganzen Menschen von größtem Wert ist.

Die erste Stufe bei unseren Entspannungsübungen muß deshalb darin bestehen, äußere Bedingungen zu suchen oder zu schaffen, bei denen wir nach Möglichkeit frei sind von äußeren Lärmbelästigungen. Später kann diese Übung auch in einer geräuschvollen Umgebung durchgeführt werden, also unter Bedingungen, die im Anfang für unsere Zwecke ungeeignet sind.

Setzen Sie sich auf einen bequemen Stuhl, oder legen Sie sich flach auf den Rücken auf eine Couch oder ein Bett. Wir richten nun unsere Aufmerksamkeit auf unseren Schädel und stellen fest, ob die Muskeln unserer Kopfhaut entspannt oder angespannt sind. Ist letzteres der Fall – und meistens ist es so –, lockern und entspannen wir ganz bewußt diese Kopfhautmuskeln und gehen dann mit unserer Aufmerksamkeit weiter herunter zur Stirn. Hier finden wir gewöhnlich eine merkbare Muskelspannung vor, die wir jetzt zu beseitigen haben. Wir werden auch die Feststellung machen, daß die Bewegungs- und Anpassungsmuskeln der Augäpfel in die Spannungen der Stirn- und Schläfenmuskeln eingeschlossen sind und haben deshalb auch sie freizumachen. Dann wenden wir uns den Muskeln des Gesichtes und des Mundes zu und führen bei ihnen die gleiche Entspannungsprozedur durch. Dasselbe gilt für die Muskeln des Genickes bzw. des Hinterkopfes. Ist das geschehen, ist der Kopf als Ganzes entspannt. Wir können weitergehen zum Oberkörper, zu den Armen, Beinen und zuletzt zu den Füßen. Haben wir es geschafft, jeden Teil unseres Körpers in einen absoluten Entspannungszustand zu versetzen, dann können wir in Zukunft unseren physischen Leib als eine Einheit betrachten und ihn als Ganzes entspannen.

Denken wir daran, daß, abgesehen von den sonstigen guten Wirkungen dieser Übungen, sie insofern für den im Training stehenden Magier von großem Wert sind, als sie die Voraussetzungen schaffen für Atemübungen, zu denen wir nunmehr übergehen.

Wir wollen hier eine Form von Atemübungen in den Mittelpunkt unserer Betrachtungen stellen, die einerseits mit den Entspannungspraktiken eng zusammenhängt, andererseits aber auch mit der Aufnahme psychischer Energie und ätherischer Lebenskraft. Hier müssen wir sogleich auf einen äußerst wichtigen Aspekt eingehen. Man wird feststellen, daß vom

Praktizierenden ein »Anhalten des Atems« eine gewisse Zeitlang gefordert wird.

Viele Leute versuchen, den Atemvorgang zu stoppen, indem sie sozusagen die Kehle und den Nasendurchgang mittels eines Willensaktes verschließen. Insofern es unsere Atemübungen betrifft, sei gesagt, daß diese Methode gefährlich ist und gar nicht erst versucht werden sollte. Die richtige Methode, den Atem zurückzuhalten, ist, ihn zunächst in gewohnter, angemessener Weise einströmen zu lassen, wobei die Brustmuskeln und der große Zwerchfellmuskel, der zwischen Brust und Darmtrakt liegt, mitwirken. Durch Ausdehnung der Brust werden die Lungen mit Luft gefüllt. Die Brust sollte jetzt in ihrem ausgedehnten Zustand gehalten und das Zwerchfell gleichzeitig infolge der Luftfüllung der Brust niedergedrückt werden. Aber – und das ist der Test – wenn der

Brustkasten seine Aufnahmegrenze erreicht hat, stößt er die überschüssige Luft von selbst raus. Es gibt keinen Verschluß, keine Sperre, weder in der Kehle noch im Mund.

Diese Methode, den Atem für eine gewisse Weile zurückzuhalten, strengt das Lungengewebe in keiner Weise an; und gerade in einer Überanstrengung des Bindegewebes der Lungenflügel liegt ja der Gefahrenmoment bei derartigen Atemübungen. Die am meisten zweckentsprechende Atemübung für den allgemeinen ständigen Gebrauch ist die, die man »das vierfache Atmen« nennen kann. Der Übende setze oder lege sich in entspanntem Zustand hin und atme in folgender Weise:

1. Langsam einatmen, dabei im Geiste »eins – zwei – drei – vier« zählend. Dann den Atem anhalten und »eins – zwei« zählen.

2. In der gleichen Weise wieder ausatmen und »eins – zwei – drei – vier« zählen. Dann die Lungen bewegungslos halten und »eins – zwei« zählen.

Führen Sie diesen Ein- und Ausatemzyklus fünf Minuten lang durch; im Anfang nicht länger. Später kann die Zeitspanne ausgedehnt werden.

Es ist wichtig zu wissen, daß, solange der Studierende die Grundtechnik der Entspannung und des vierfachen Atemrhythmus nicht vollkommen beherrscht, er nicht versuchen sollte, an die Praxis des »zirkulierenden Lichtes« oder die »Technik der Mittleren Säule« heranzugehen.

In den folgenden zwei Teilen werden diese Übungen kurz beschrieben.

6

Das Bannungsritual

Das »Bannungsritual des minderen Pentagramms« ist jene technisch-magische Operation, die als »Vorbereitung des Arbeitsplatzes« bekannt ist. Sie wird benutzt als ein Mittel, den Ort, wo die magische Arbeit getan werden soll, festzulegen und gleichzeitig zu reinigen. Man spricht deshalb auch vom »objektiven« Aspekt des Rituals.

Es gibt hierbei auch einen subjektiven Aspekt, denn schließlich sind alle äußeren Riten eine symbolhafte Nach-außen-Kehrung der inneren emotionalen, mentalen und spirituellen Absichten und Ziele des Magiers und seiner Helfer. Diese zweifache Natur aller magischen Riten sollte immer im Auge behalten werden, wenn Sinn und Zweck der magischen Arbeit erreicht werden sollen.

Im Bannungsritual benutzen wir in erster Linie das, was als das »Kabbalistische Kreuz« bekannt ist. Es wird in folgender Weise ausgeführt:

a. Berühre die Stirn mit der rechten Hand und sage: »Ateh.«
b. Führe die Hand herunter zur Brust, und indem du diese berührst, sage: »Malkut.«
c. Berühre die rechte Schulter und sage: »Ve Gevura.«
d. Führe die Hand quer über den Körper und berühre die linke Schulte, dabei sprechend: »Ve Gedulah.«
e. Falte die Hände auf der Brust und sage: »Le Olahm Amen.«

Haben wir uns die Glyphe des Lebensbaums genau angesehen (vgl. S. 65), finden wir, daß die Namen Gevura und Hesed die Namen zweier sich am Baum gegenüberliegenden Sephiroth sind. Wir werden ferner feststellen, wenn wir auf das Diagramm als einer Glyphe des Universums blicken – so wie es vor uns liegt –, daß sich die Sephirah Gevura linker Hand, die Sephirah Hesed rechter Hand befindet. Das ist korrekt in bezug auf den makrokosmischen Baum; doch wenn wir die Glyphe als Diagramm des in uns befindlichen Mikrokosmos benutzen, dann stehen wir gleichsam »mit dem Rücken zum Baum« und stellen ihn uns von diesem Standort aus vor. Dadurch rückt die Sephirah Gevura in die Nähe unserer rechten Schulter, Hesed an die linke. Und dieser mikrokosmische Baum ist es, den wir bei diesem Ritual benutzen.

Wenn wir die Hand über unseren Kopf heben, dann herunterführen und unsere Stirn berühren, so ist das eine symbolische Ausdrucksgeste, die sich auf die höchste spirituelle Natur in uns bezieht, auf jene »strahlende Wesenheit«, die von vielen okkulten Schulen der »Genius« genannt wird. Kraft der geistig-seelischen Entsprechung zwischen dieser Wesenheit und dem psychischen Zentrum, das sich in unserer Aura über dem Kopf befindet, ziehen wir diese strahlende Lichtmacht in unsere aurische Spirale herab.

Nunmehr wird der Lichtstrahl, den wir mittels unserer bildhaften Vorstellungskraft durch unsere Handbewegung zur Stirn herabgeleitet haben, weitergeführt in Richtung der Füße, indem wir die Hand über den Solarplexus legen und vibrierend das Wort »Malkut« aussprechen. Dadurch haben wir einen aus weißem Licht bestehenden Strahl gebildet, der von oberhalb des Kopfes bis hinab zu den Füßen reicht.

Jetzt berühren wir die rechte Schulter und sprechen vibrierend »Gevura«. Von hier aus bewegen wir die Hand zur linken Schulter, uns zugleich eine weiße Linie aus Lichtkraft bildhaft vorstellend, die an unserer rechten Schulter beginnt. Auf diese Weise haben wir in unserer Aura ein Kreuz aus Licht gebildet. Dieses Kreuz sollte so scharf und deutlich wie irgend möglich visualisiert werden, während wir die Hände in Gebetsstellung mitten über der Brust zusammenführen.

Haben wir nun das Kreuz in unserer persönlichen Aura in der beschriebenen Weise geformt, sollten wir versuchen, es in der Vorstellung zu vergrößern, es also an Stärke, Höhe und Breite wachsen zu lassen. Das ist eine sehr kraftvolle Suggestion, die mithelfen kann, einige unserer selbstgeschaffenen Begrenzungen oder gar Minderwertigkeitskomplexe zum Verschwinden zu bringen und uns der ersehnten Vereinigung zwischen dem Ewigen, das unser wahres und tieferes Selbst ist, und unserem so beengten und gefangenen persönlichen Selbst ein Stück näherzubringen.

Wenn das Kreuz in der beschriebenen Weise geformt worden ist, beginnen wir mit dem nächsten Teil der Arbeit. Mit dem Gesicht nach Osten dastehend – wie wir es von Anfang an getan haben – führen wir die rechte Hand zu einem Punkt auf unserer linken Seite, der etwa auf halbem Wege zwischen der Hüfte und dem Knie liegt. Von dort aus heben wir den rechten Arm empor zu einem Punkt über dem Kopf und bringen ihn dann wieder nieder zu einem Punkt auf der rechten Körperseite, die dem ersten auf der linken Seite entspricht. Damit haben wir ein umgekehrtes V in die Luft gezeichnet. Jetzt haben wir die Hand zu einem Punkt ein wenig oberhalb der linken Schulter zu führen, dann zu einem entsprechenden Punkt über der rechten Schulter, und dann schließlich von hier aus diagonal hinunter zu dem Punkt, an dem das Ziehen der Figur begonnen wurde. Wiederum ist zu beachten, daß jede Handbewegung mental so gesehen werden muß, als ob sie eine weiße Lichtkraftlinie zieht. Wenn wir also die beschriebenen fünf Bewegungen ausgeführt haben, glänzt in der Luft vor uns (natürlich nur mental wahrnehmbar) ein aus weißem Licht bestehendes Pentagramm. Dieser Fünfstern muß nunmehr noch mit Energie geladen werden, und dies geschieht, indem die Hand schnell mit einer scharf stechenden Bewegung zum Zentrum der Figur geführt wird und indem zur gleichen Zeit der Name »Yod-Heh-Vau-heh« vibrierend ausgesprochen wird.

Jetzt wenden wir uns nach Süden, und mit ausgestreckter Hand Lichtlinien ziehend, bilden wir abermals ein Licht-Pentagramm, diesmal dabei »Ah-Doh-Ni« vibrierend.

Dasselbe hat zu geschehen in der Stellung nach Westen, wobei der Name »Eh-He-Heh« vibrierend intoniert werden muß. Dann stellen wir uns in die Nordrichtung und vibrieren »Ah-Gla«. Anschließend nehmen wir wieder die Stellung nach Osten ein, wo wir mit kreuzförmig ausgestreckten Armen eine Weile stehenbleiben, so wie wir das Kreuz im Anfang mittels des telesmatischen Bildes uns vorgestellt haben.

Es sei hier daran erinnert, daß wir mittels der von uns mental gezogenen Figuren vier energiegeladene Gedankenformen in den vier

Hauptrichtungen der Windrose geschaffen haben. Diese Formen benutzen wir nun als Brennpunkte der aufgebauten Schutzbarriere und errichten deshalb hinter ihnen die telesmatischen Bildvorstellungen der vier großen Erzengel. Da die Kräfte des Universums in Wirklichkeit lebende Mächte sind, Emanationen des Universellen Geistes, können wir uns diese telesmatischen Bilder als die psychischen Mittel vorstellen, die uns befähigen, Kontakte mit den lebendigen und intelligenten Mächten herzustellen, die in den großen Erzengeln personifiziert sind. Die Form, die wir aufbauen, ist eine symbolische Gedankenform, doch das Leben, das sie erfüllt, ist das Leben jener großen kosmischen Wesenheiten, die wir durch jenen Teil unserer Natur heranziehen, der in einem Entsprechungs- oder Bezugsverhältnis zu ihnen steht. Noch präziser ausgedrückt: der ein Teil von uns ist. Wie schon die alten Eingeweihten sagten: »Es gibt in und an mir keinen Teil, der nicht von den Göttern ist.«

Wir wenden uns nach Osten und sprechen. »Vor mir *Raphael*«, und imaginieren eine mächtige Figur in einem gelben Gewand, in dem als Komplementärfarbe etwas Mauve (Lila) enthalten ist. Da Osten der »Ort der Luft« ist, sollten wir in unserer mentalen Vorstellung einen angenehmen Luftzug fühlen, der von der Umgebung der Gestalt ausgeht.

Nun sagen wir: »Hinter mir *Gabriel*.« Die hinter uns im Westen, dem »Ort des Wassers« sich bildende Figur ist in Blau gekleidet mit etwas komplementärem Orange dazwischen. Sie hält eine kristallene Schale mit blauem Wasser empor. Und Wasser sollte auch als hinter der Figur hervorfließend gesehen bzw. empfunden werden.

Weiter sprechen wir: »Zu meiner Rechten *Michael.*« Diese telesmatisch zu formende Figur strahlt in roter Kleidung mit lebhaft grünen Obertönen. Ein großes stählernes Schwert hält er hocherhoben in der Hand, und eine Hitzestrahlung hat vorstellungsmäßig von ihm auszugehen.

Schließlich: »Zu meiner Linken *Uriel.*« Seine Gestalt ist in ein mehrfarbiges Gewand eingekleidet, in dem die Farben Zitronengelb, Oliv, Rotbraun und Schwarz enthalten sind. Um die Gestalt herum sollte früchtetragendes Erdreich mit Gräsern, Getreidefeldern usw. visualisiert werden, denn dies ist der »Ort der Erde«.

Und wir beschließen das Ritual mit den Worten: »Um mich herum flammende Pentagramme – und über mir glänzt der sechsstrahlige Stern«; dabei abermals das kabbalistische Kreuz ziehend.

Aus dieser Beschreibung geht hervor, daß viele harte Übungsarbeit getan werden muß, bis die Entwicklung der Visualisierungsfähigkeit so weit gediehen ist, daß die erforderlichen telesmatischen Bilder klar und präzis gebaut werden und den Kontakt herstellen können mit jenen Kräften, die sie symbolisch repräsentieren. Hier ist Arbeit zu leisten – Grundlagenarbeit, ohne die das Große Werk nicht vollbracht werden kann.

7

Das Exerzitium der Mittleren Säule

Die Übung, der wir uns hier zuwenden, ist das wirkungsvollste Mittel, um in sich selbst die magischen Grundkräfte zum Erwachen zu bringen, ohne die alle Zeremonien schlechthin nur eine psychologische Methode wären, mit der man die Kräfte des Unterbewußtseins zu erreichen vermag. Natürlich ist auch die psychologische Methode von großem Wert, aber nur dann, wenn sie begleitet und ergänzt wird durch die magische Energie, die durch Übungen wie der der Mittleren Säule herangeholt wird und ohne die volle Beherrschung der magischen Kunst nicht möglich ist.

Was die philosophische und theoretische Seite dieses Exerzitiums anbelangt, so kann der ernsthafte Interessent in einschlägigen Büchern genügend Aufschluß finden. Hier genügt es, wenn wir einen kurzen Umriß der Theorie bringen und dann die Praxis detailliert beschreiben.

Kurz gesagt: Die magische Theorie, auf der das Exerzitium der Mittleren Säule beruht, ist, daß durch ein geeignetes Einwirken auf die individuelle psychische Maschinerie der menschlichen Persönlichkeit bestimmte Aspekte derselben aktiviert werden. Dadurch wird wiederum bewirkt, daß äußere, objektive Energie in die »Sphäre der Sinneswahrnehmungen« oder in das »aurische Feld« der betreffenden Person hereingezogen wird, diese zugleich mit sehr starker Lebenskraft aufladend. Diese einströmende Energie kann dem Willen des Magiers entsprechend benutzt und geleitet werden, um jene Bewußtseinsveränderungen in ihm selbst oder in anderen herbeizuführen, die, wie wir schon festgestellt haben, das Hauptanliegen der wahren magischen Kunst ist.

Die magischen Schulen lehren, daß innerhalb des feinstofflichen menschlichen Körpers bestimmte Aktivitätszentren vorhanden sind und daß die Lage dieser Zentren im großen und ganzen mit der der Chakras gemäß den östlichen Systemen übereinstimmt. Wir sagen: »im großen und ganzen«, also »ungefähr«, doch es gibt bestimmte Unterschiede im Vergleich zu den theosophischen Beschreibungen und Klassifizierungen. Das beeinträchtigt aber nicht die erzielbaren Resultate, und aus diesem Grunde haben wir nicht die Absicht, hier einen genaueren Vergleich zwischen den beiden Systemen vorzunehmen.

Es genügt für unsere Zwecke, wenn wir dem angehenden Magier erklären, daß er sich selbst als mit dem Rücken zum Diagramm des

Lebensbaumes stehend visualisieren soll (vgl. S. 65). Die rechts liegende Säule befindet sich dadurch links von ihm, die linke Säule rechts. Die mittlere Säule, enthaltend die Sephiroth Kether, Daat, Tepheret, Yesod und Malkut, entspricht nun der Lage der Wirbelsäule und der Füße.

Jetzt hat er, etwa 2,5 cm über der höchsten Stelle seines Kopfes, eine leuchtende, wirbelnde Kugel aus weißem Licht zu visualisieren, wobei er sich bemühen muß, sich diesen Lichtwirbel als eine aus dem Göttlichen Leben seines Innern aufschießende Quelle vorzustellen. Jetzt hat er den Namen *Eheieh* (Eh-he-yeh) zu intonieren. Sodann ist ein Strahl glänzenden Lichtes bis herab zum Genick zu visualisieren, wo er als eine leuchtende Sphäre austritt. Hier ist der Name »*Jehova Elohim*« vibrierend zu sprechen.

Man läßt nun den Lichtstrahl, den man mental vor sich sehen muß, niedergehen zu dem Zentrum Tepheret, das in der Region über dem physischen Herzen liegt, also ein wenig über dem Solarplexus. Hier ist der auszusprechende Name »*Jehova Aloah-Va-Daath*«.

Weiter ist der Lichtstrahl herabzuführen zu dem Zentrum Yesod, das über den Geschlechtsorganen liegt, und der Name »*Shaddai-El-Chai*« ist vibrierend zu sprechen. Schließlich steigt der Strahl noch weiter hinunter bis zu den Füßen, wo er im Zentrum von Malkut endet. Hier ist der zu intonierende Name »Adonai-Ha-Aretz«.

Das ist die vollständige Übung. Zuerst genügt es, wenn der angehende Magier ziemlich rasch imaginativ durch den Körper herabgeht, sich die Lage der Zentren vorstellt und die Namen vibrierend ausspricht. Später, wenn er in der Visualisation der einzelnen Stationen und des Lichtstrahles ausreichend geübt ist, fängt er an, an jedem Zentrum eine von Kontemplation erfüllte Pause einzulegen, das heißt über die besonderen Kräfte und Wirkungen zu meditieren.

Wenn diese Technik vollständig gemeistert ist, sollte der angehende Magier damit beginnen, die einzelnen Stationen in den ihnen zugeordneten Farben zu visualisieren. Kether, das Zentrum über dem Kopf, ist als glänzendes Weiß zu sehen, Daat als ein lavendelfarbener Bereich, Tepheret als golden-gelb, Yesod als purpurrot, Malkut als dunkles Olivgrün oder als schwarzglänzend.

Es genügt nun allerdings nicht, daß der Studierende auf die beschriebene Weise lediglich die Zentren der Mittleren Säule zum Erwachen bringt. Es ist außerdem nötig, daß die

Energien, die in das psychische Feld herabgezogen worden sind, nun auch in Zirkulation versetzt werden. Und das hat durch das Exerzitium des durcheinanderwogenden Lichtes zu geschehen. Haben wir die mit dem Exerzitium der Mittleren Säule verbundene Technik durch und durch in den Griff bekommen und die dazu nötigen Übungen gemeistert, können die Energien, die dadurch in den psychischen Organismus gebracht werden, mittels unserer Visualisierungsfähigkeit in folgender Weise eingesetzt werden.

Haben wir die komplette Übung gemacht und die Station Malkut erreicht, richtet der Magier seine Aufmerksamkeit wieder auf die oberste Station Kether über dem Kopf. Jetzt ist die glänzend-weiße Flammenkugel mittels eines Willensaktes – in der mentalen Vorstellung natürlich – zur linken Schulter herunterzuführen, geradewegs nieder durch die ganze linke Körperseite bis zum linken Fuß. Dort geht sie durch die Malkut-Sphäre hindurch, springt auf den rechten Fuß über und geht durch die rechte Körperseite zur rechten Schulter hinauf, von dort wieder zurück nach Kether. Dies ist die erste Übungsphase und sollte solange praktiziert werden, bis völlige Beherrschung erreicht worden ist.

Jetzt kann mit der zweiten Phase begonnen werden. Abermals ist die Aufmerksamkeit auf Kether zu richten. Dann wird die weißglänzende Kugel in der Vorstellung von ihrem Platz aus über das Gesicht heruntergeführt, weiter über die Vorderseite des Körpers und der Beine bis zu den Fußspitzen. Von dort aus bewegt sie sich entlang der Sohlen nach hinten zu den Fersen und dann die Waden und Schenkel aufwärts, das Rückgrat empor und über die Rückseite des Kopfes wieder zu ihrer eigentlichen Station.

Es wird als hilfreich empfunden, wenn die Atmung mit der beschriebenen Visualisation synchronisiert wird, wenn während des Ausatmens das Herabsteigen, während des Einatmens das Wiederaufsteigen vorgenommen wird.

Der dritte Teil der Übung heißt »das durcheinanderwogende Licht«. Sie ist dazu bestimmt, in der Empfindungssphäre einen gewissen Energiefluß in Gang zu setzen und diesen bis auf die physikalischen Ebenen herabzuziehen. Die ersten zwei Teile des »Exerzitiums der Mittleren Säule« haben den Zweck, innerhalb der aurischen Empfindungssphäre zwei große Energieströme zu schaffen. Ist dieser Teil der Übung gemeistert, kann der nächste Schritt unternommen werden, nämlich in der Aura den Zirkulationsfluß in Bewegung zu setzen, beginnend bei den Füßen in der Sphäre Malkut. Dies geschieht am besten durch die Visualisierung, das bildhafte Vorstellen eines breiten Bandes aus weißem Licht, das um den Körper gewunden wird in ähnlicher Weise wie eine Mumie bandagiert wird. Hier ist der Hinweis von Wichtigkeit, daß die Richtung des Bandagierens von rechts nach links sein muß, das heißt, der (bildhaft vorgestellte) Energiefluß hat von jenem Teil der Sephirah Malkut aus zu beginnen, auf dem der rechte Fuß steht, und hat dann über den linken Fuß hinweg in Spiralen aufwärts zu führen.

Es gibt natürlich bezüglich der Mittleren Säule auch andere Übungen, aber diese brauchen hier nicht erwähnt zu werden, denn sie sind den viel weiter fortgeschrittenen Graden der magischen Kunst vorbehalten.

Derjenige, der geduldig und zielbewußt durchhält, bis die Grundübungen gemeistert sind, wird aus der einen oder anderen Quelle über weiterführende Übungen belehrt werden. Ein ernsthaft Übender und Strebender ist nie ganz ohne Instruktion.

Der Schreiber dieses Buches möchte all seinen Lesern, die ernsthaft die Kunst der praktischen Magie erlernen wollen, dringend empfehlen, sich geduldig und gewissenhaft mit der Meisterung der Technik der Mittleren Säule zu befassen. Sie ist der Schlüssel zur praktischen Magie.

8

Schlussbemerkung

Hauptziel der magischen Arbeit ist der Kontakt mit dem Höheren Selbst, denn es ist die allerhöchste Gerichts- und Entscheidungsinstanz, der einzige wahre Meister und damit auch der eigentliche Magier. Denn: »Alles magische Wirken beginnt im Inneren des Menschen und wird nach außen projiziert.«

Quellennachweis

Walter E. Butler: *Die hohe Schule der Magie. Über die Kunst, willentlich Bewußtsein zu verändern,* ins Deutsche übersetzt von Hans Geisler, © by Verlag Hermann Bauer, Freiburg im Breisgau 1997 (6. Aufl.).

Die englische Originalausgabe erschien bei Thorsons / HarperCollinsPublishers Ltd unter dem Titel *Magic and the Magician,* © The Aquarian Press 1970, 1975, 1991. Die Urheberrechte liegen beim Autor.

Weitere Titel aus der Reihe

NAHRUNG FÜR DIE SEELE

finden Sie bei Ihrem Buchhändler

NAHRUNG FÜR DIE SEELE

... schenken macht Freude